*This*

**COLORING BOOK**

# BELONGS TO

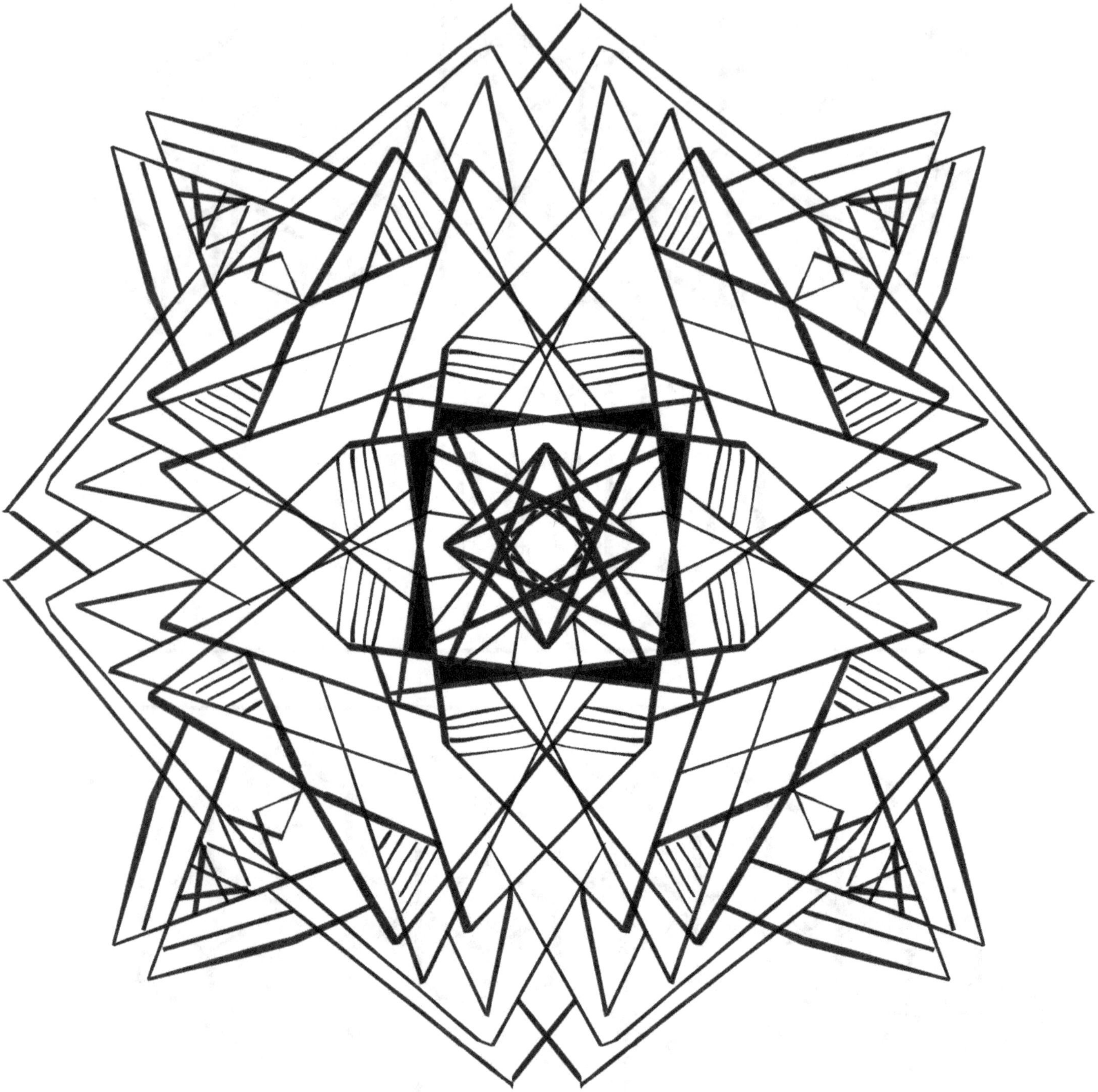

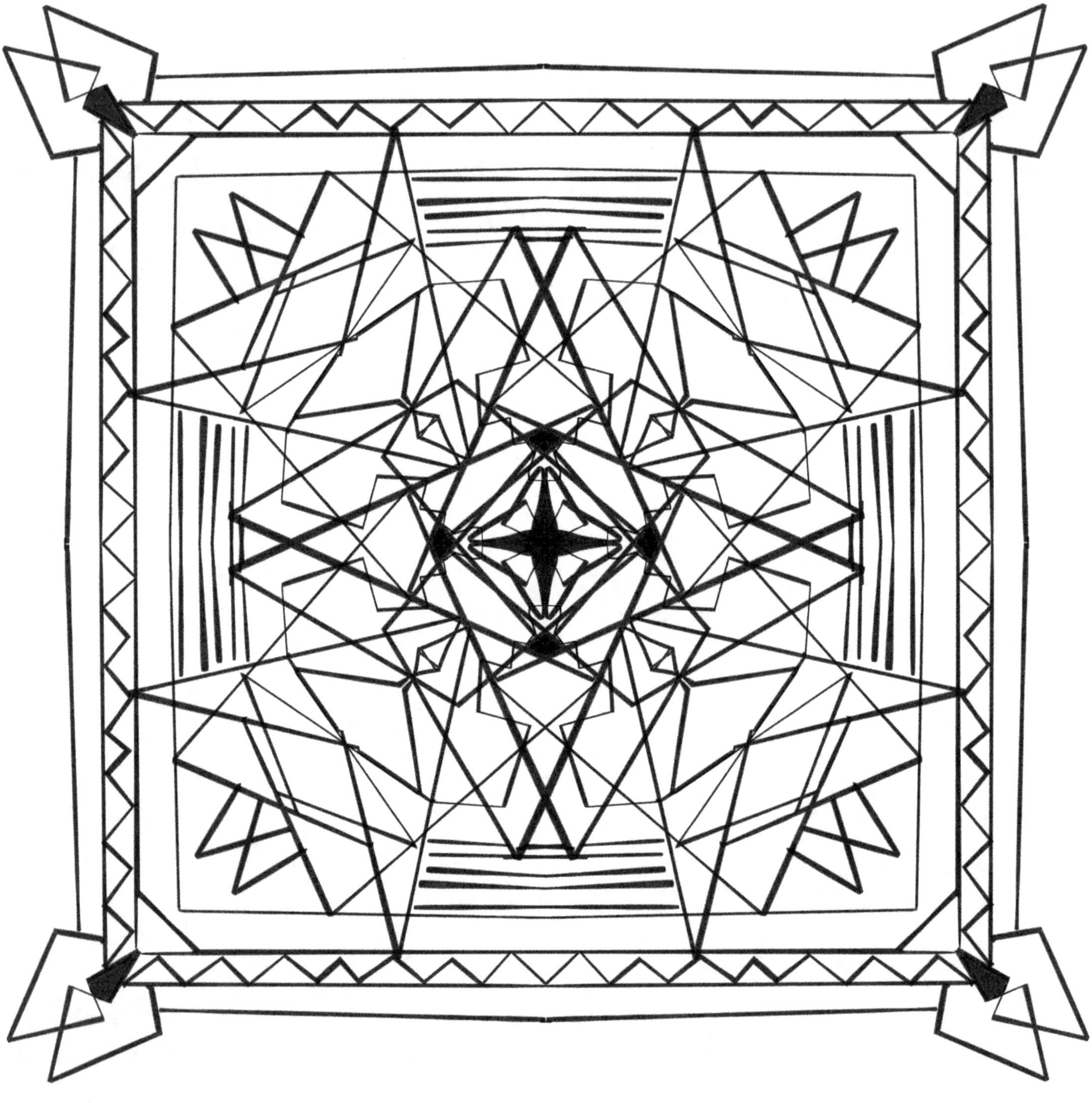

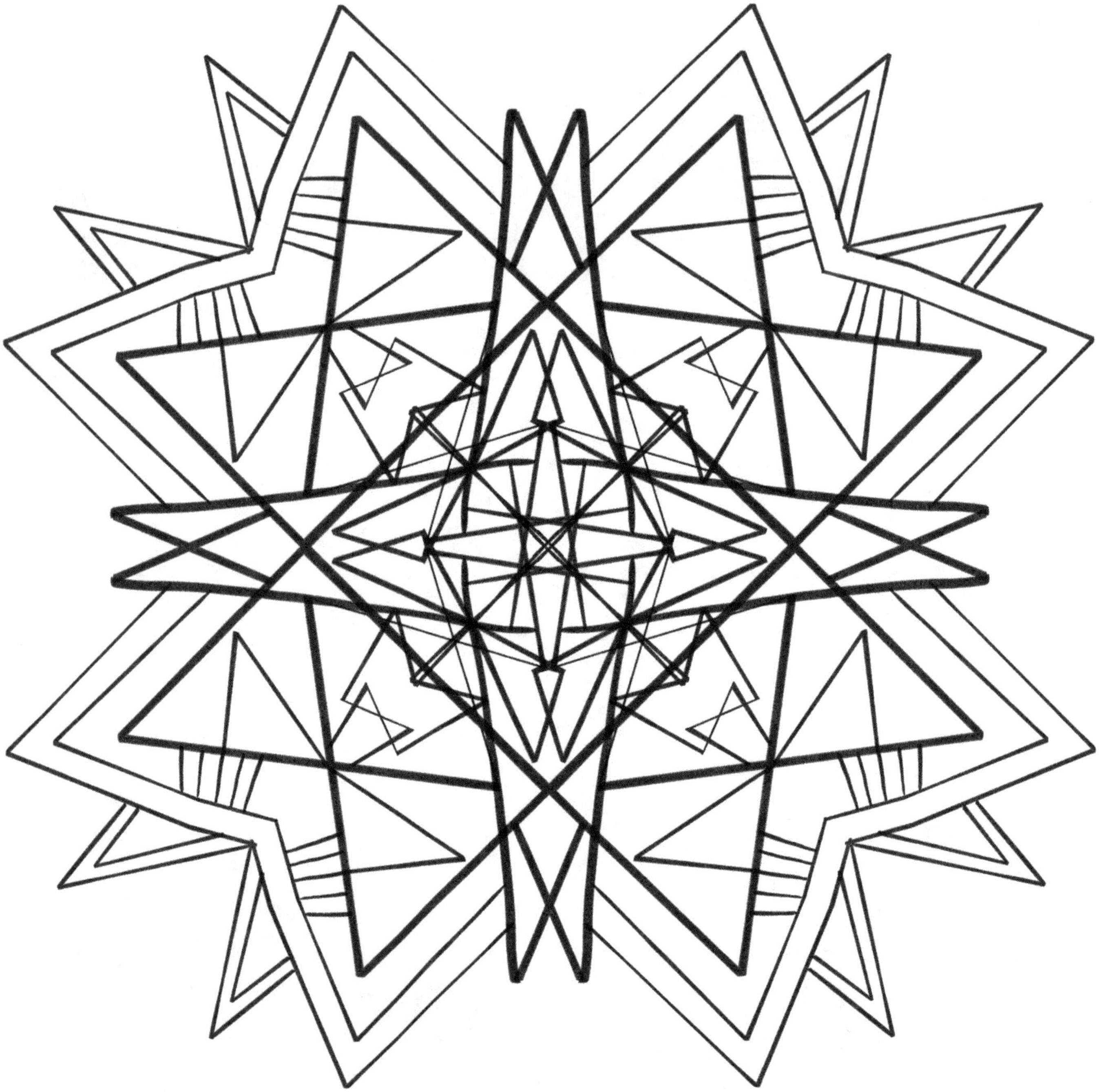

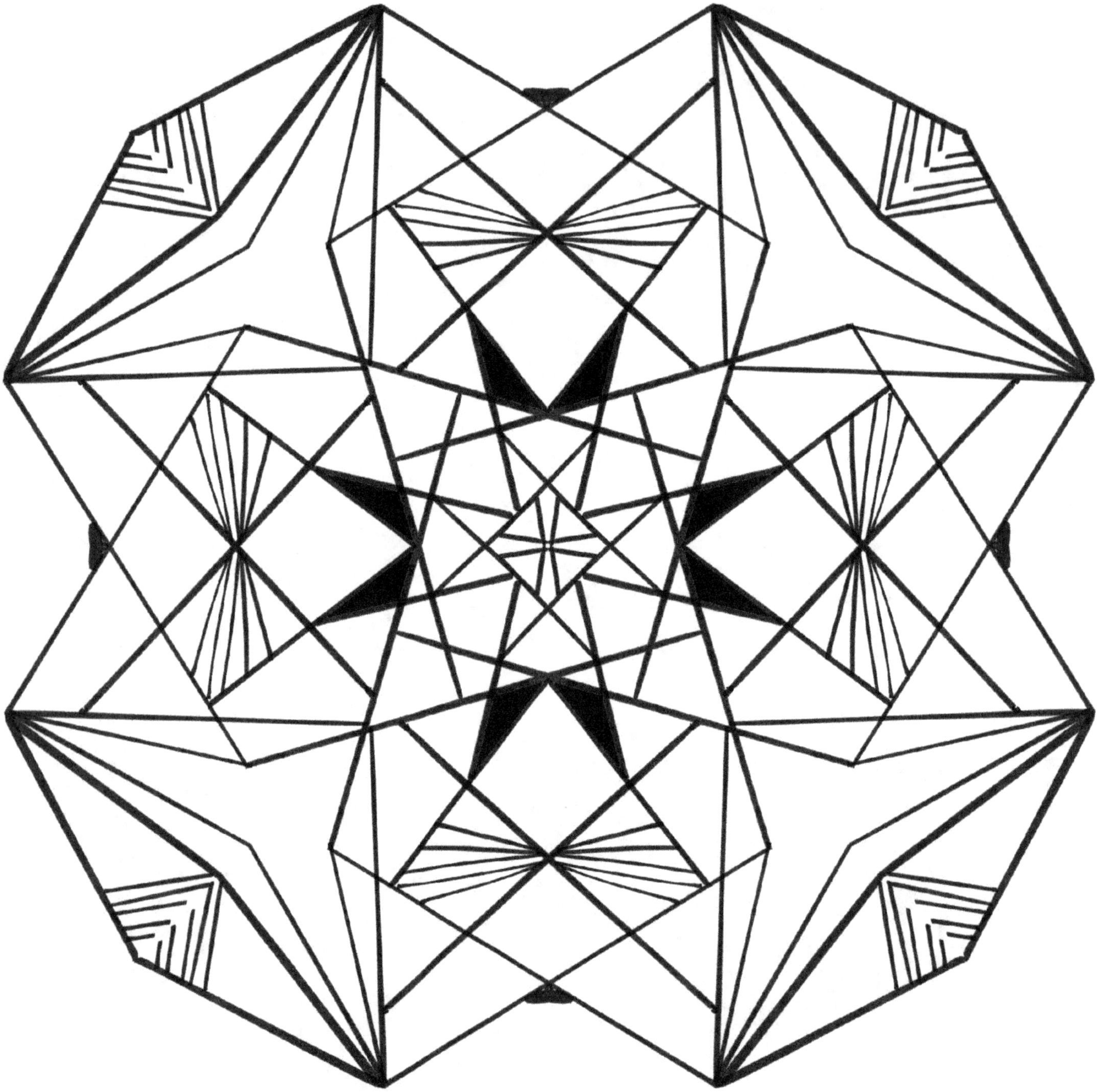

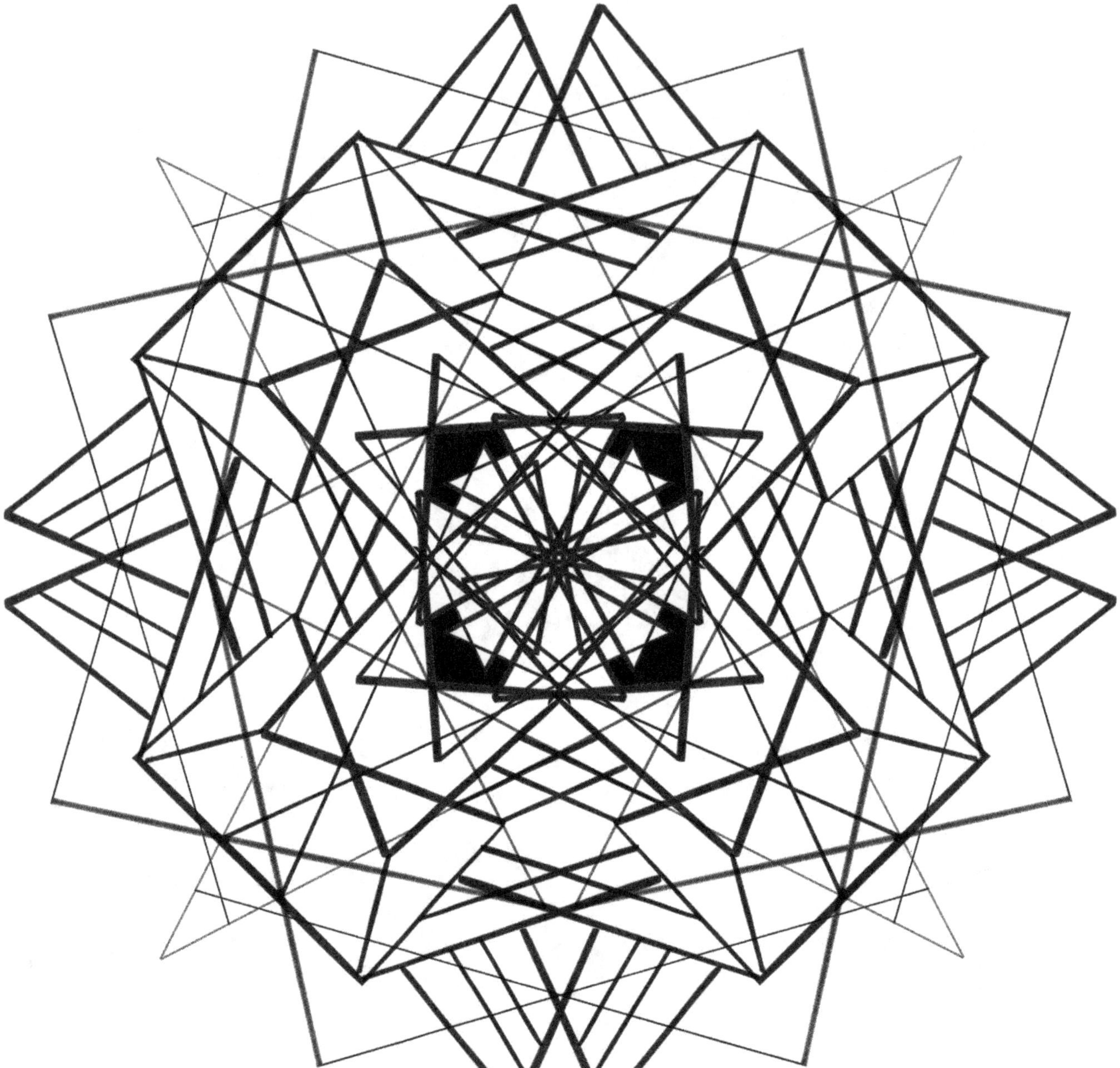

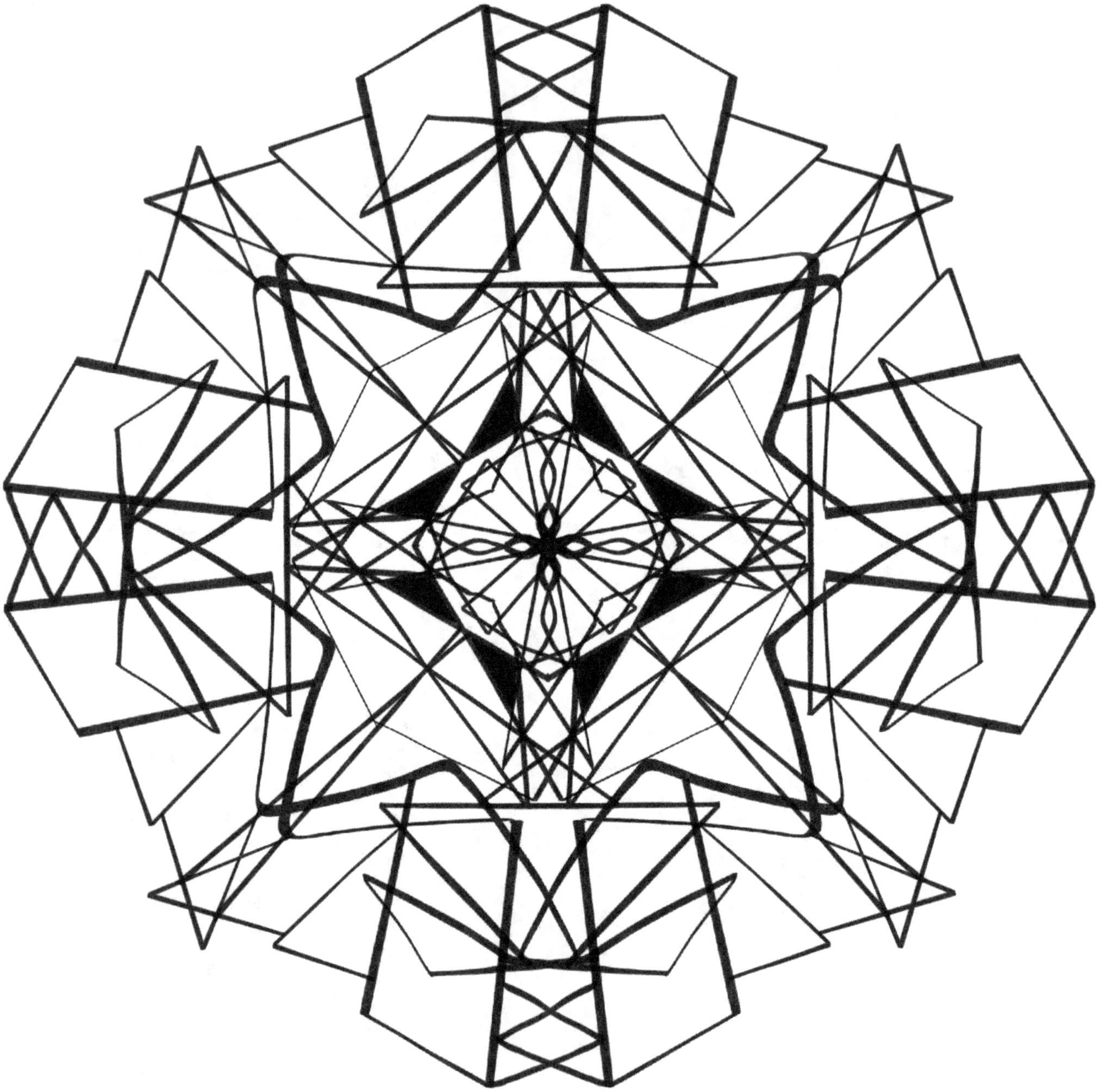

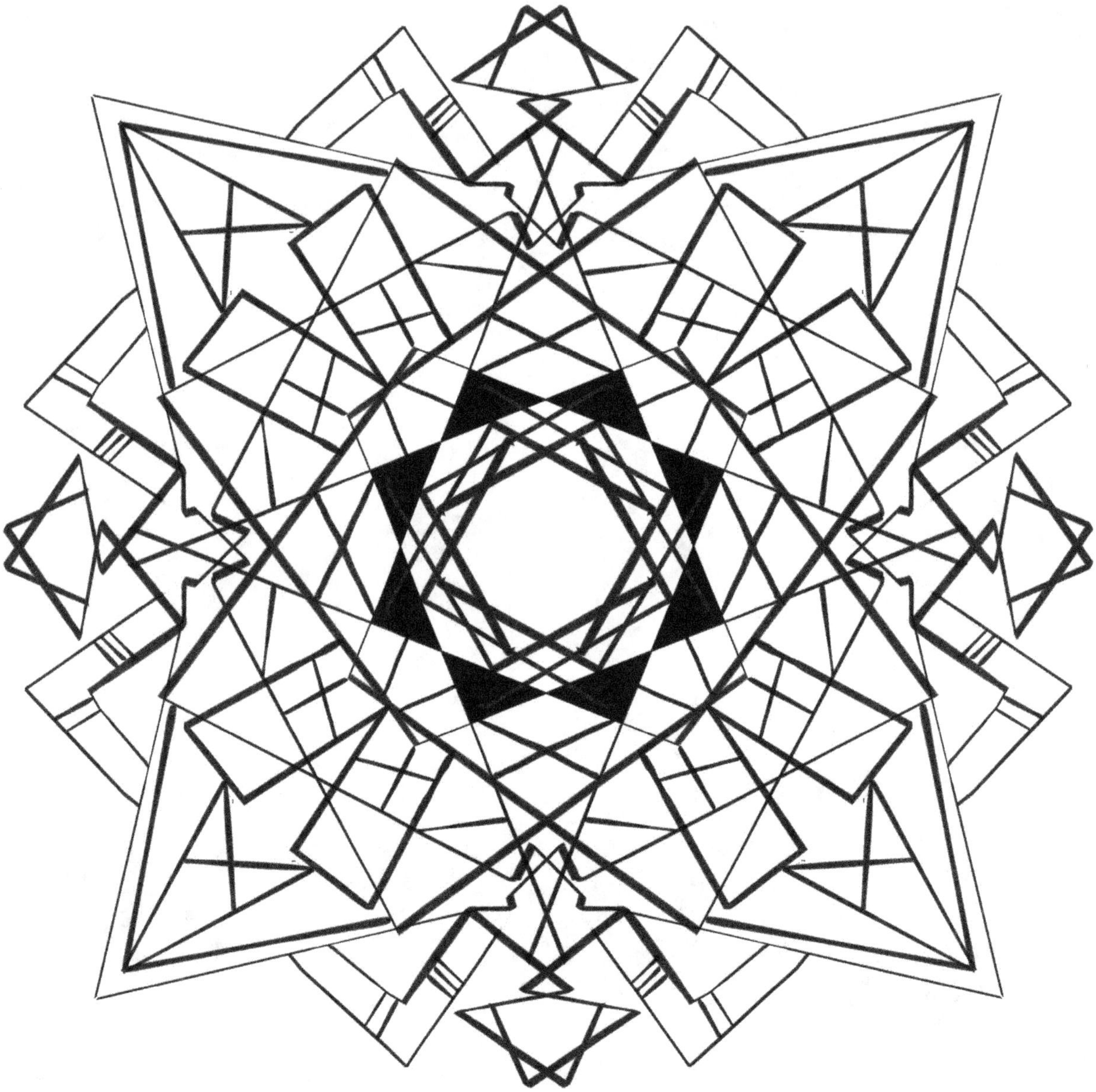

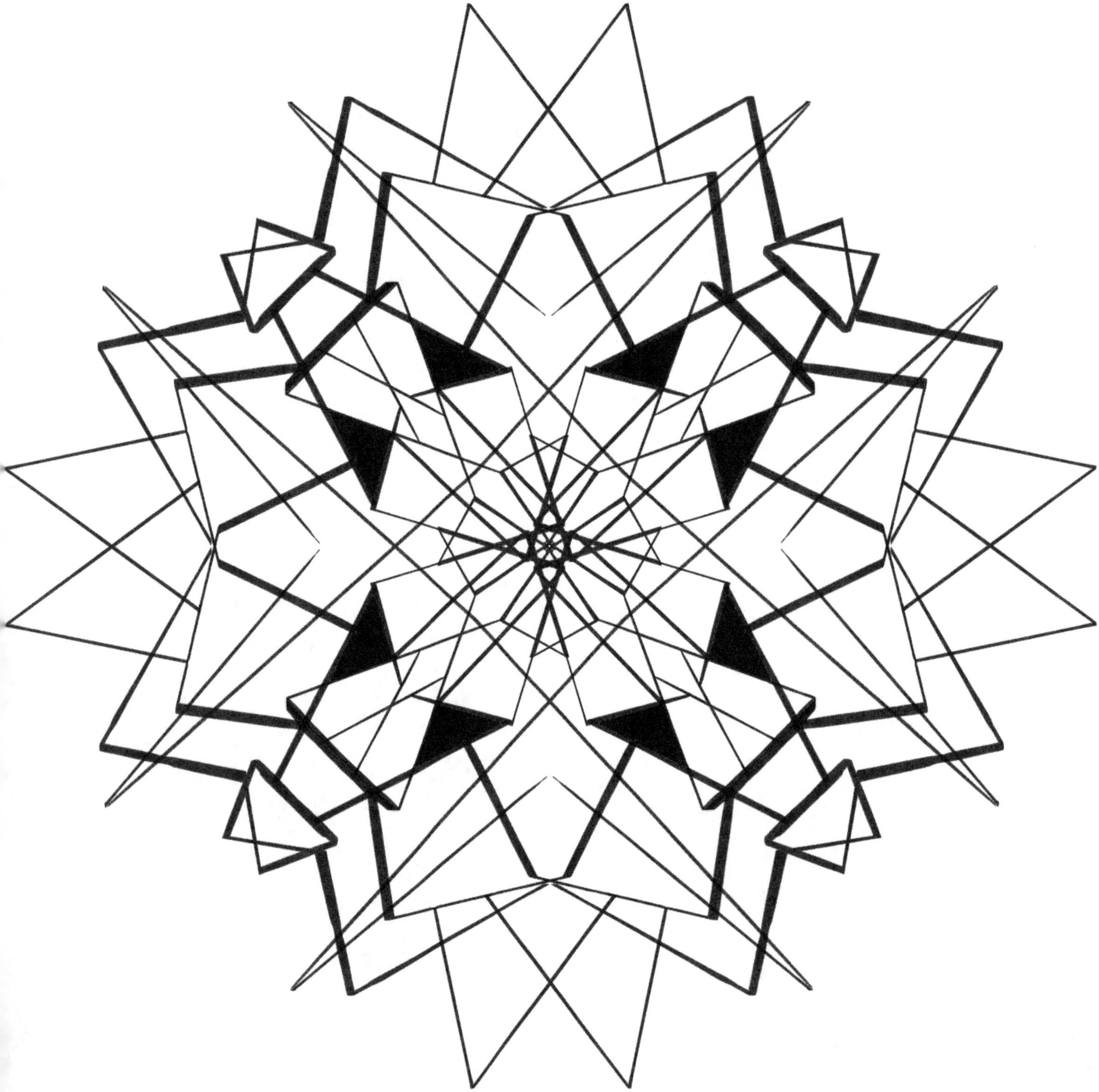

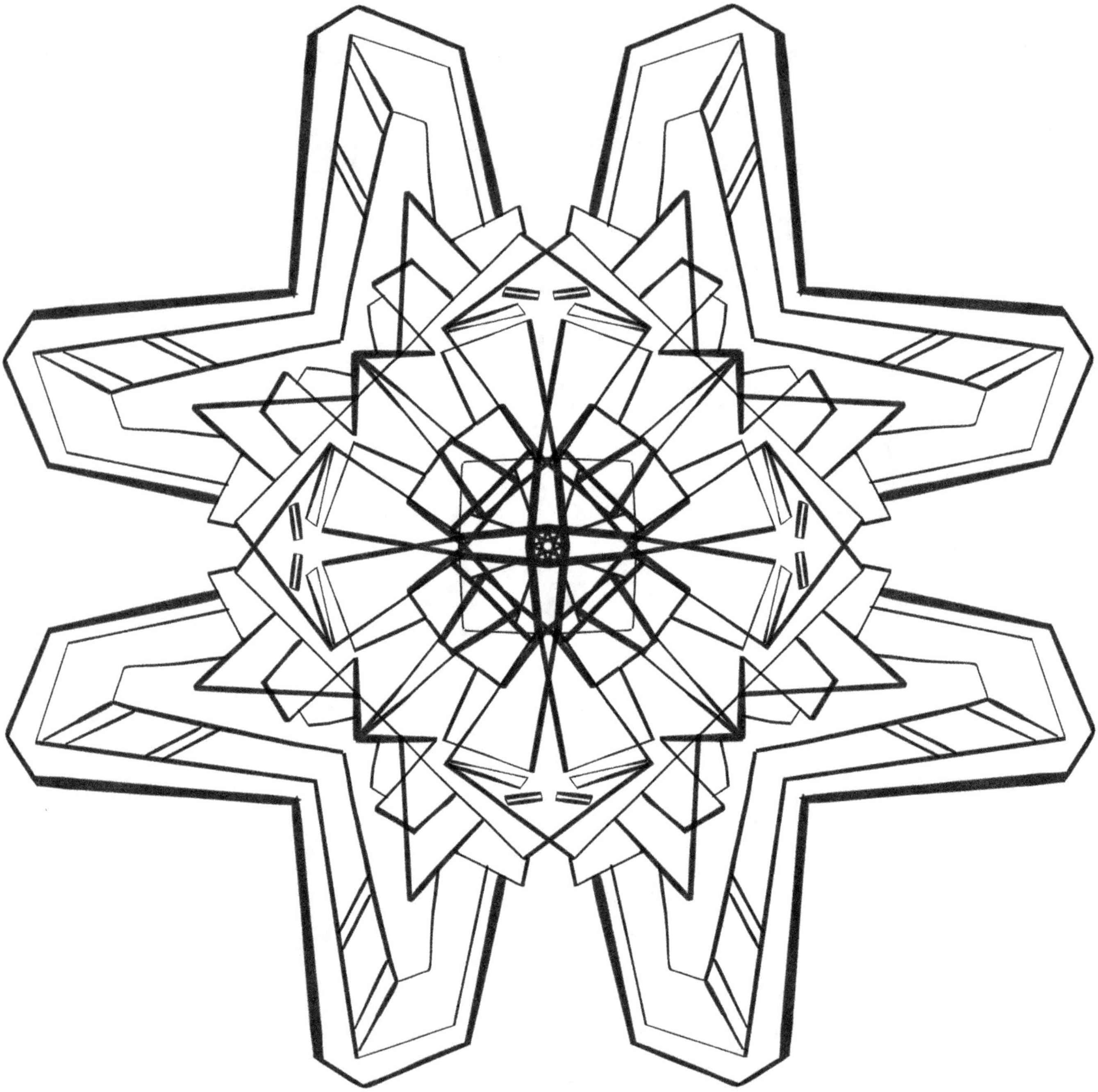

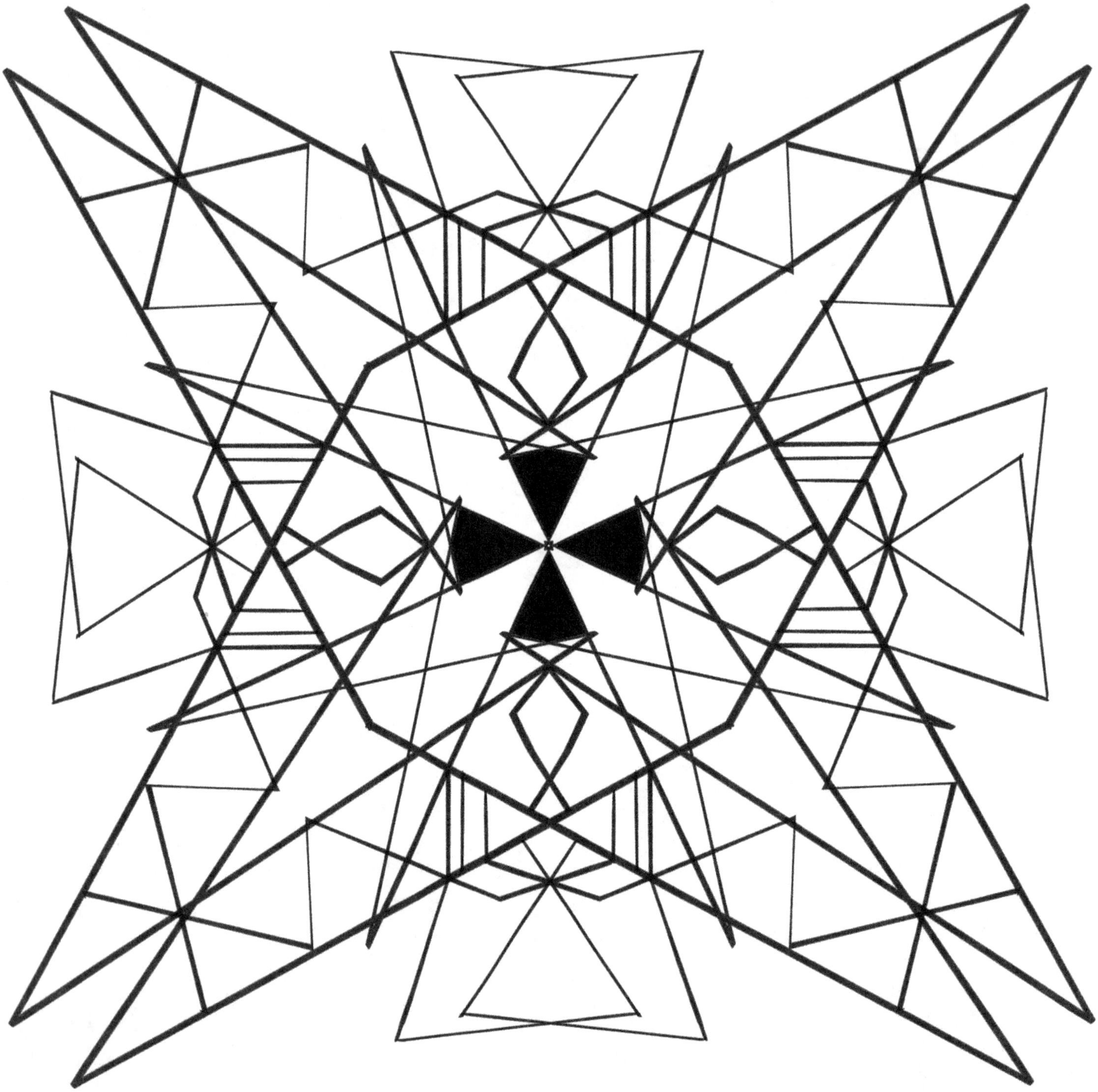

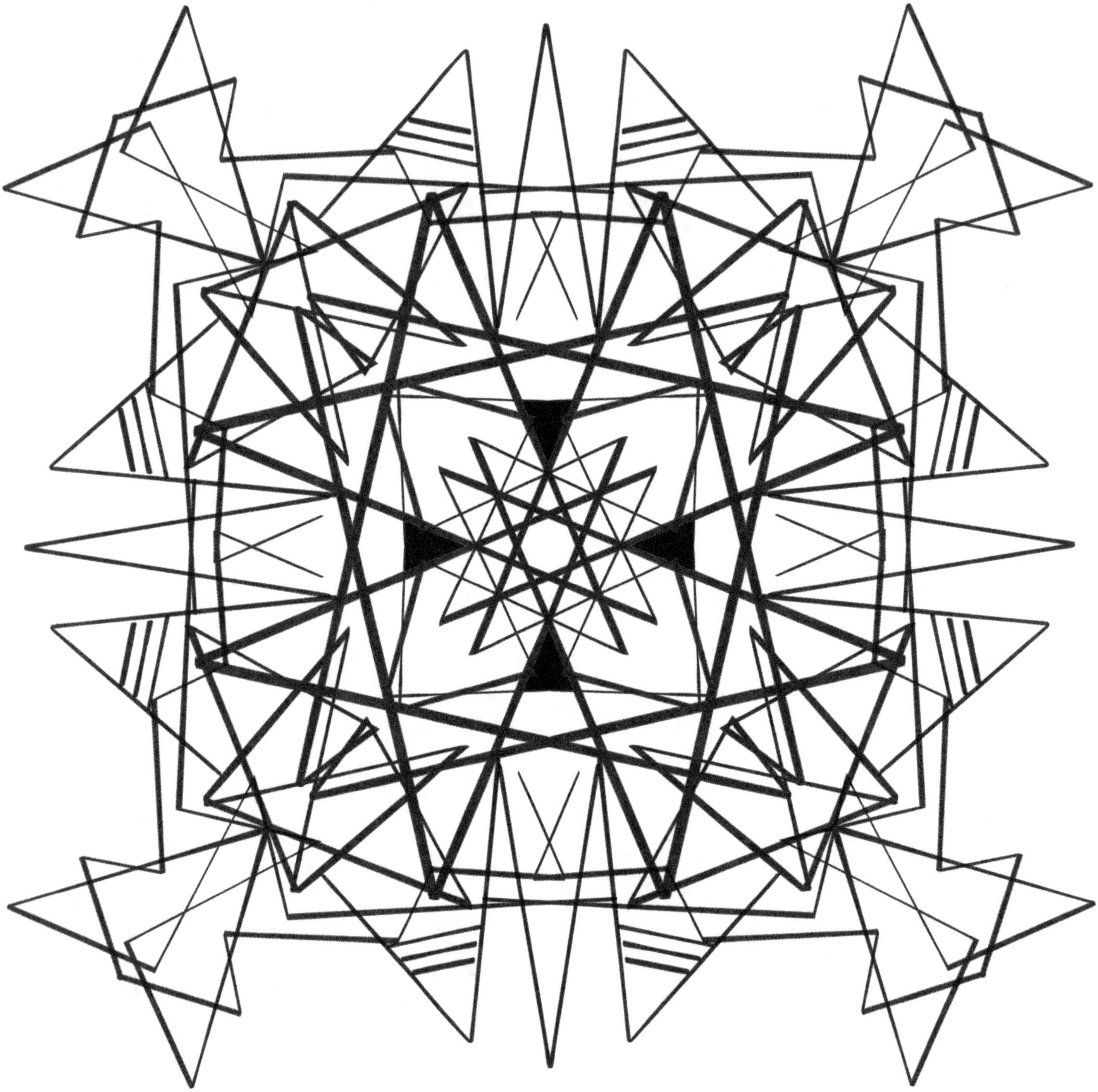

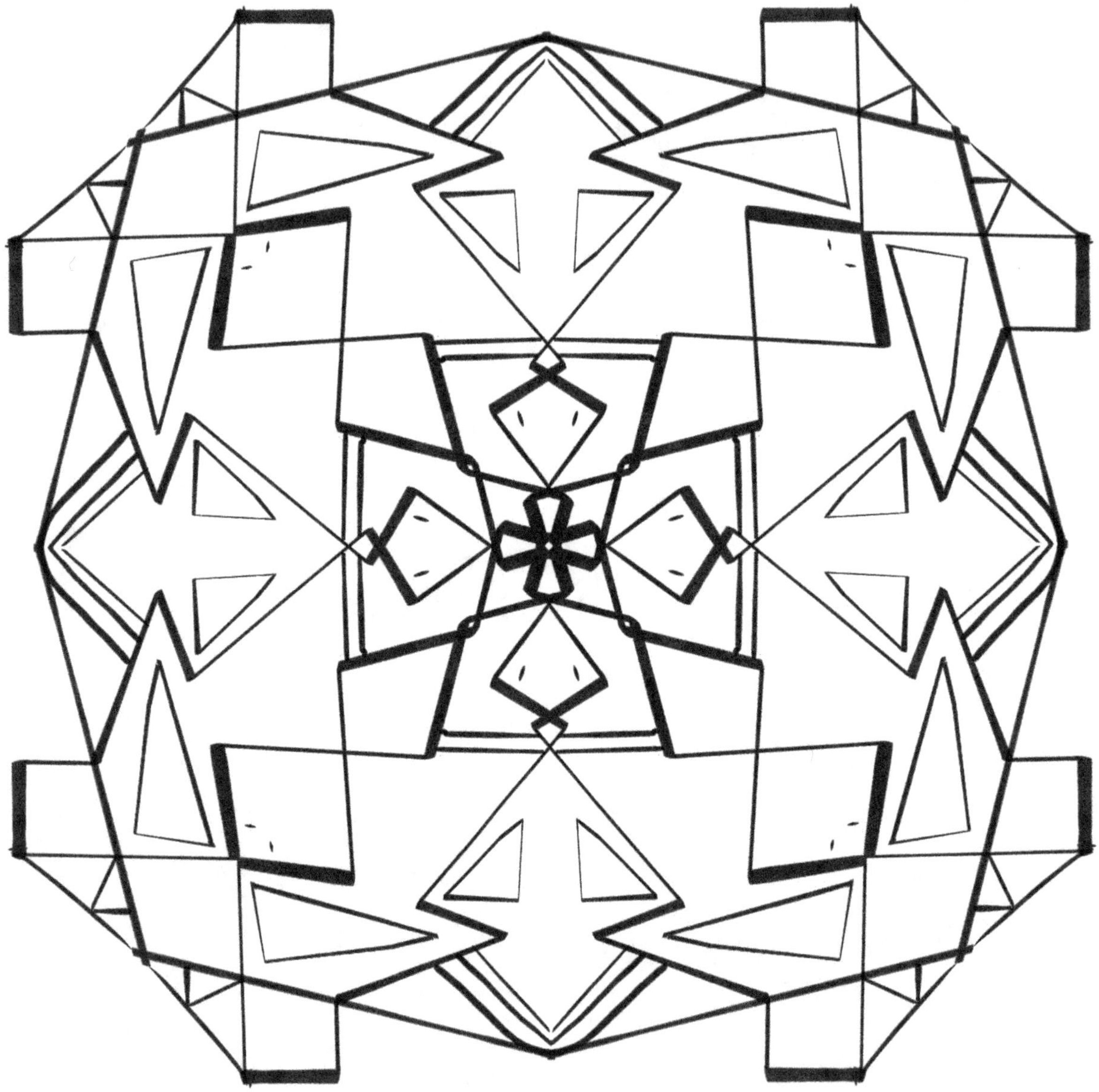

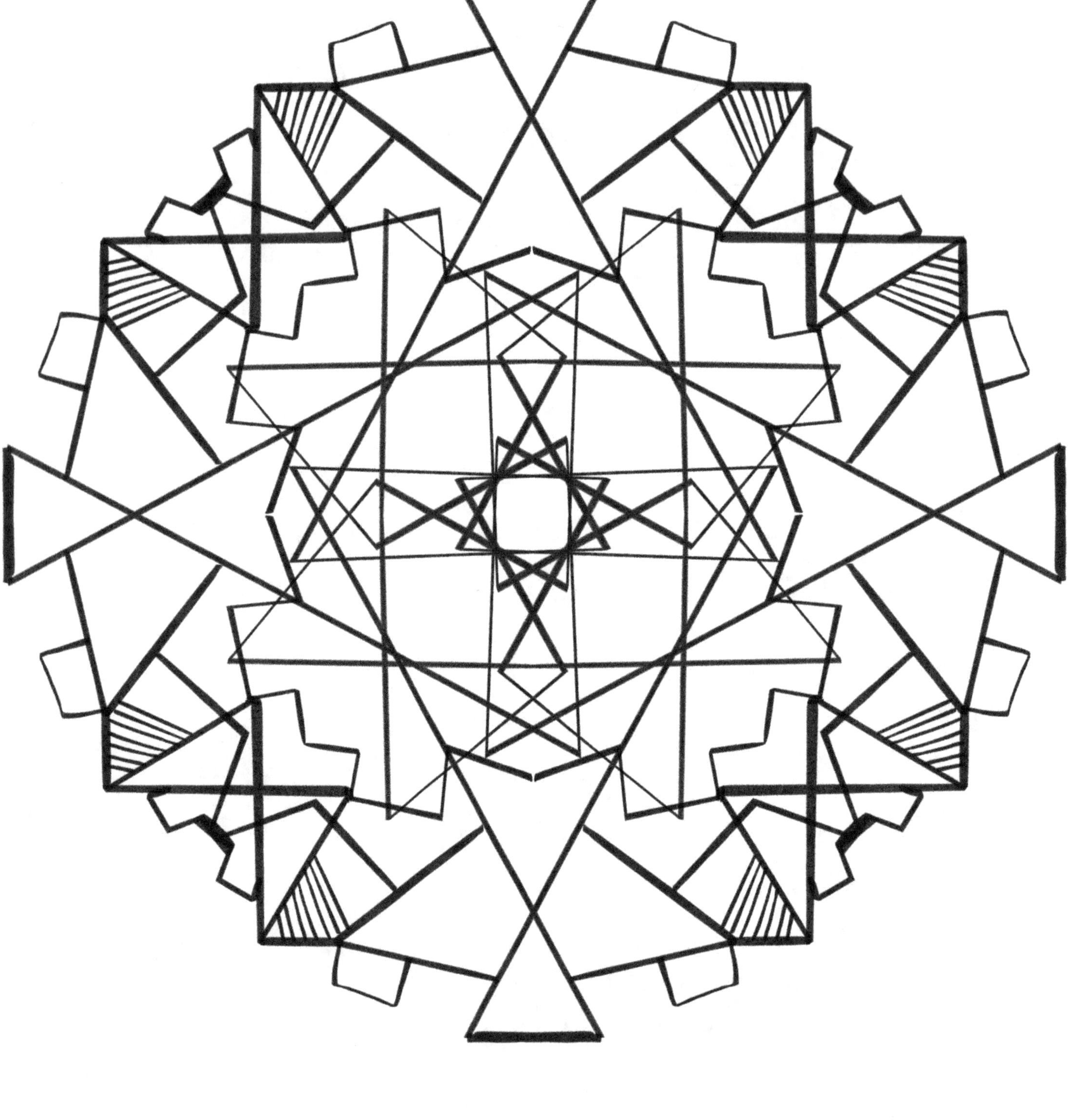

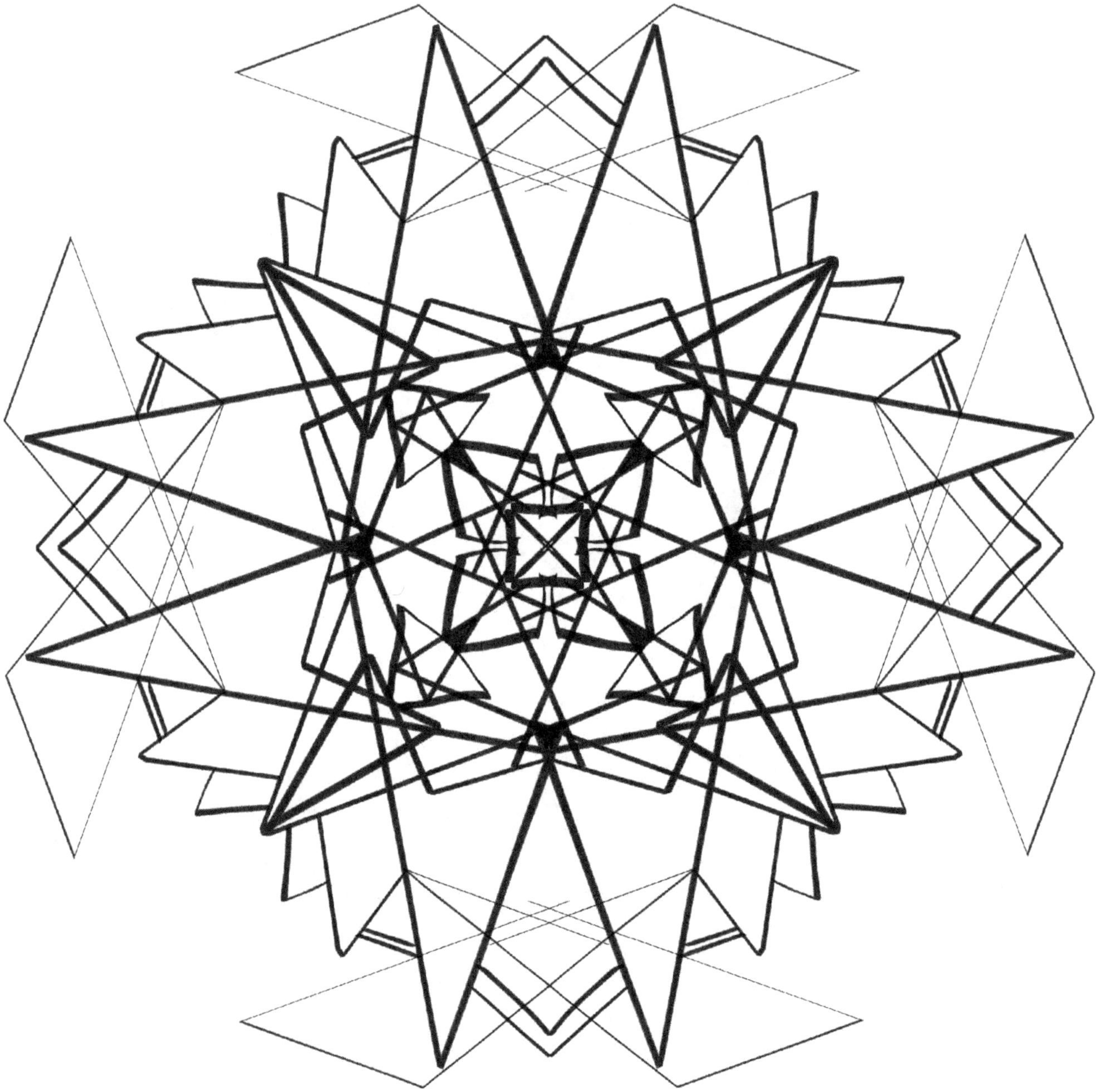

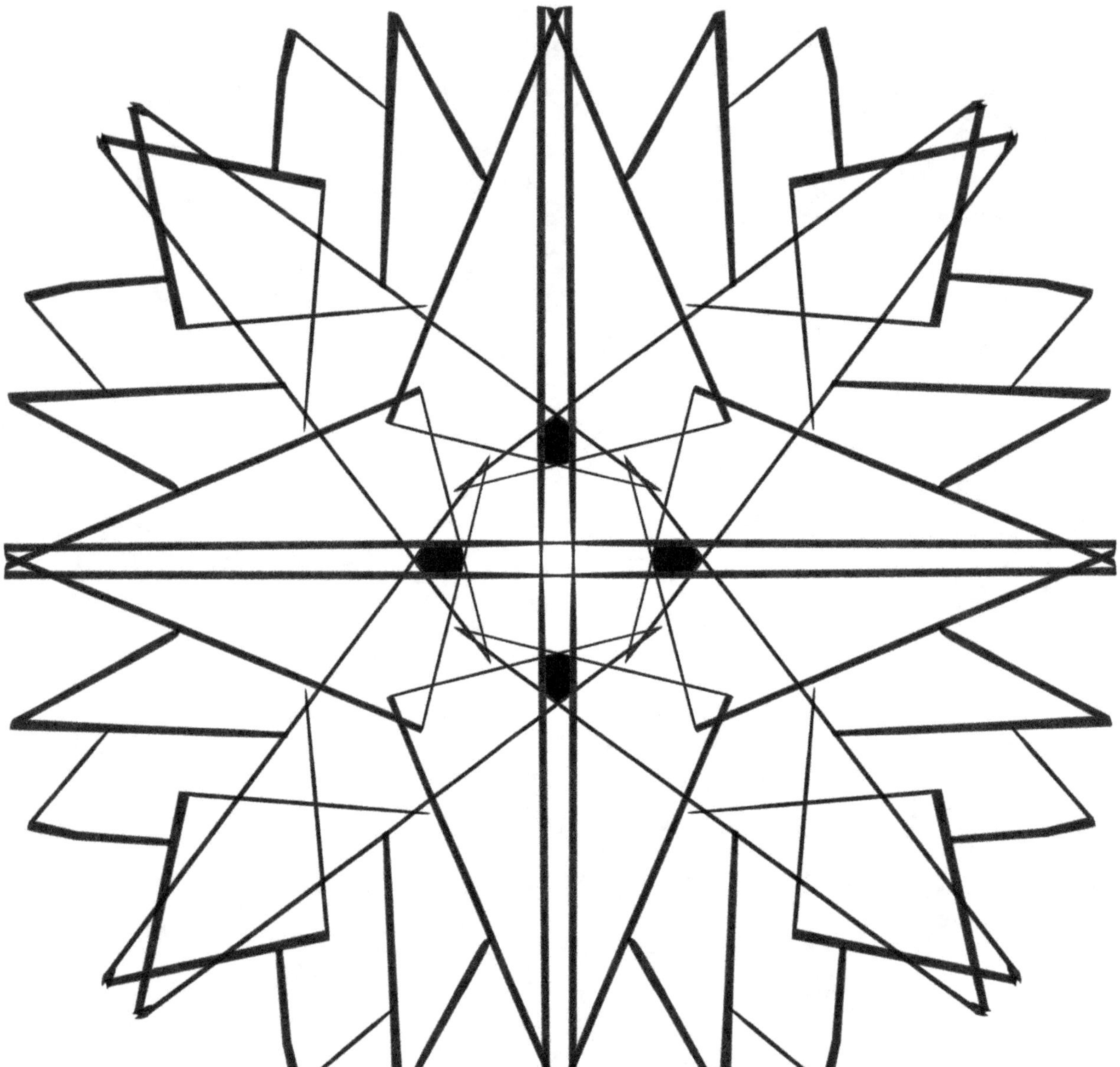

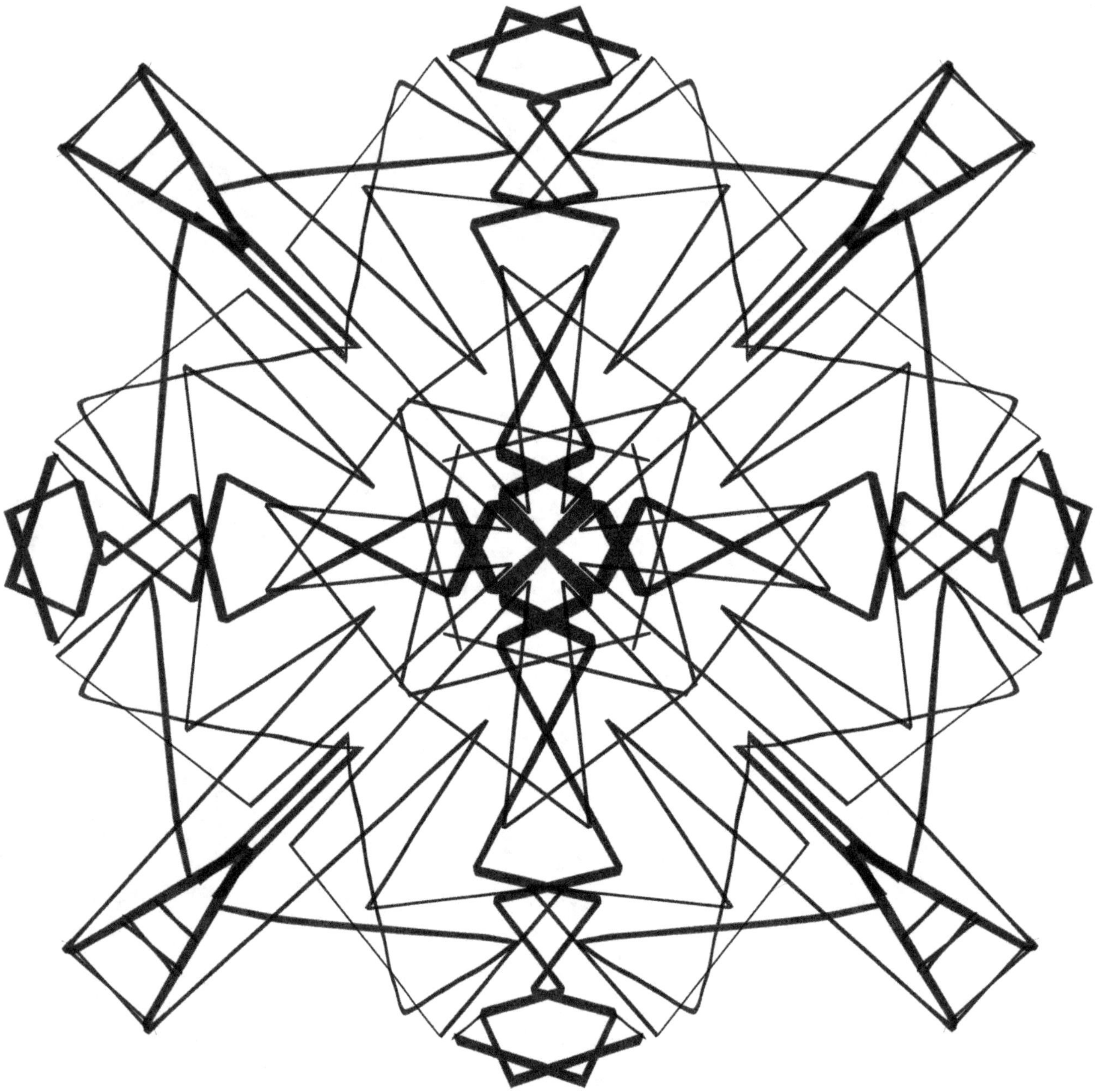

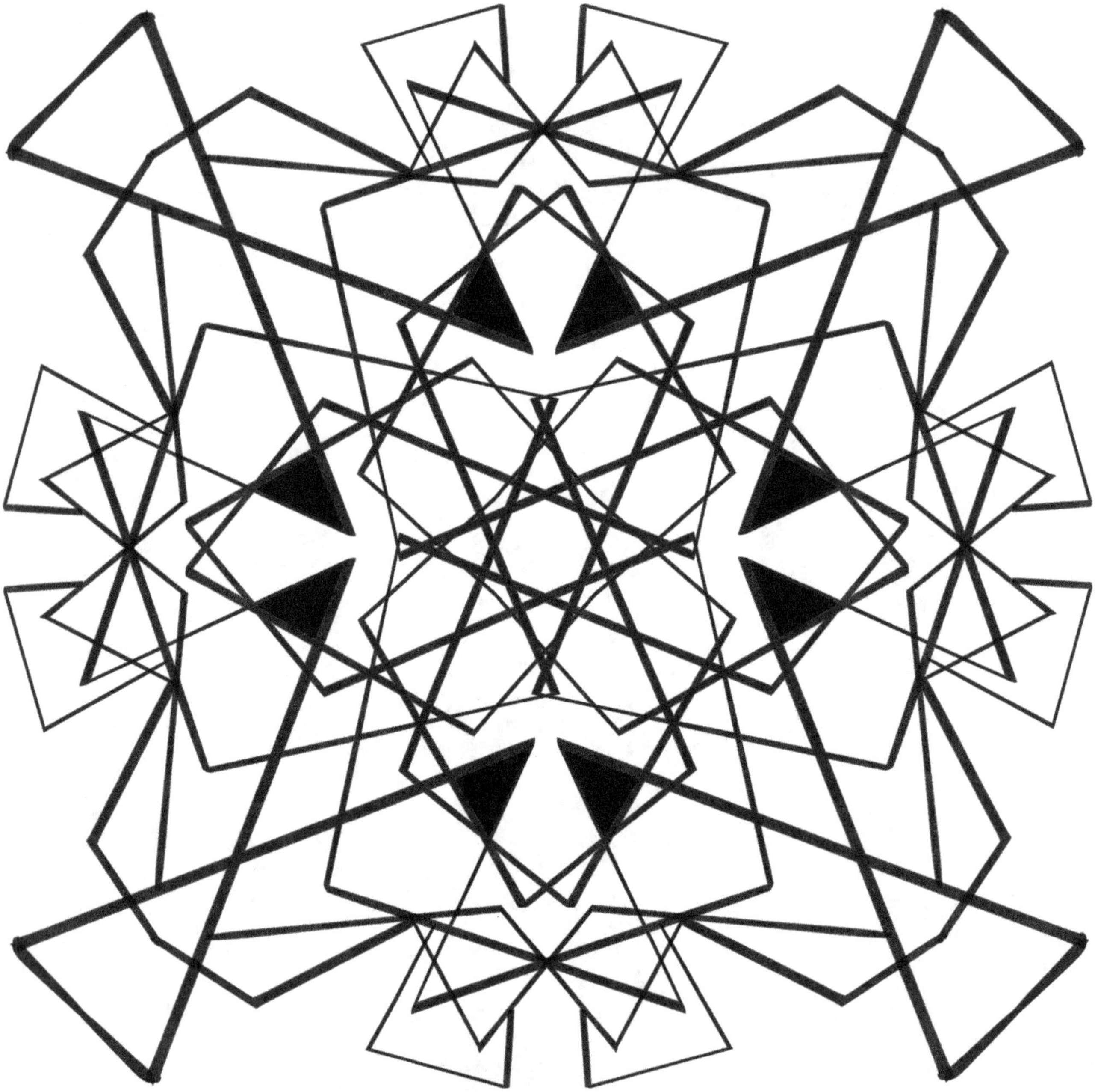

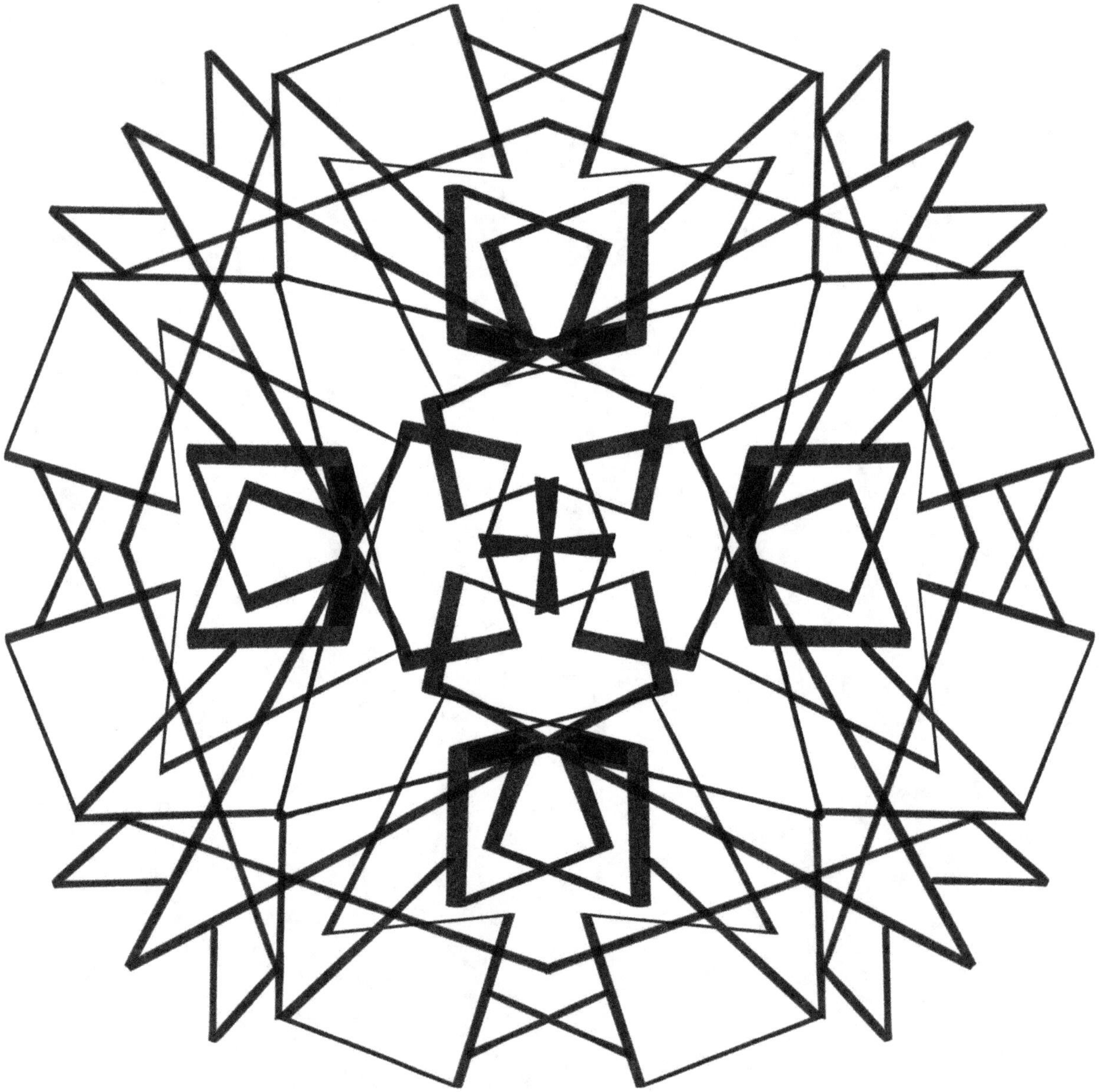

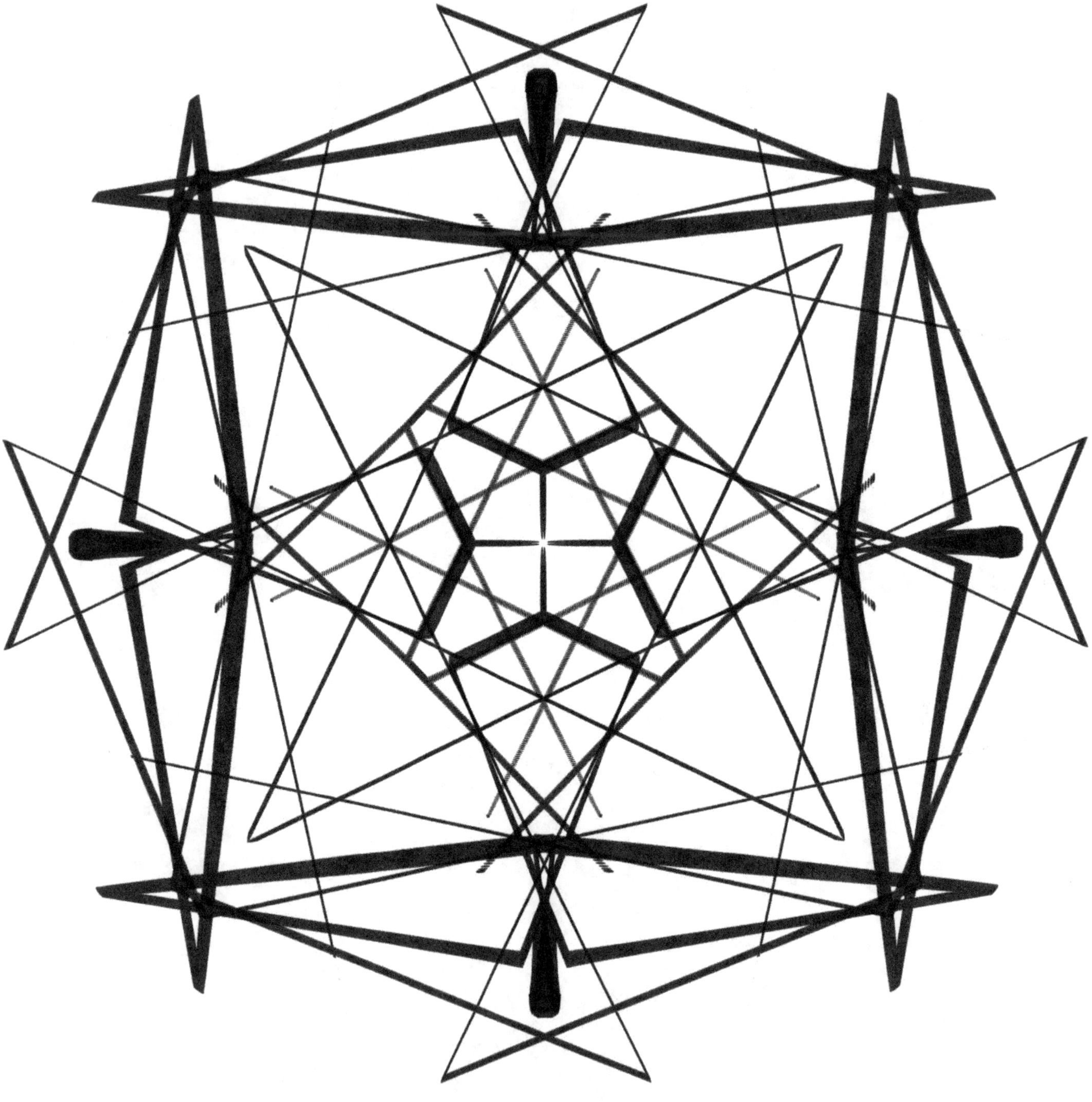

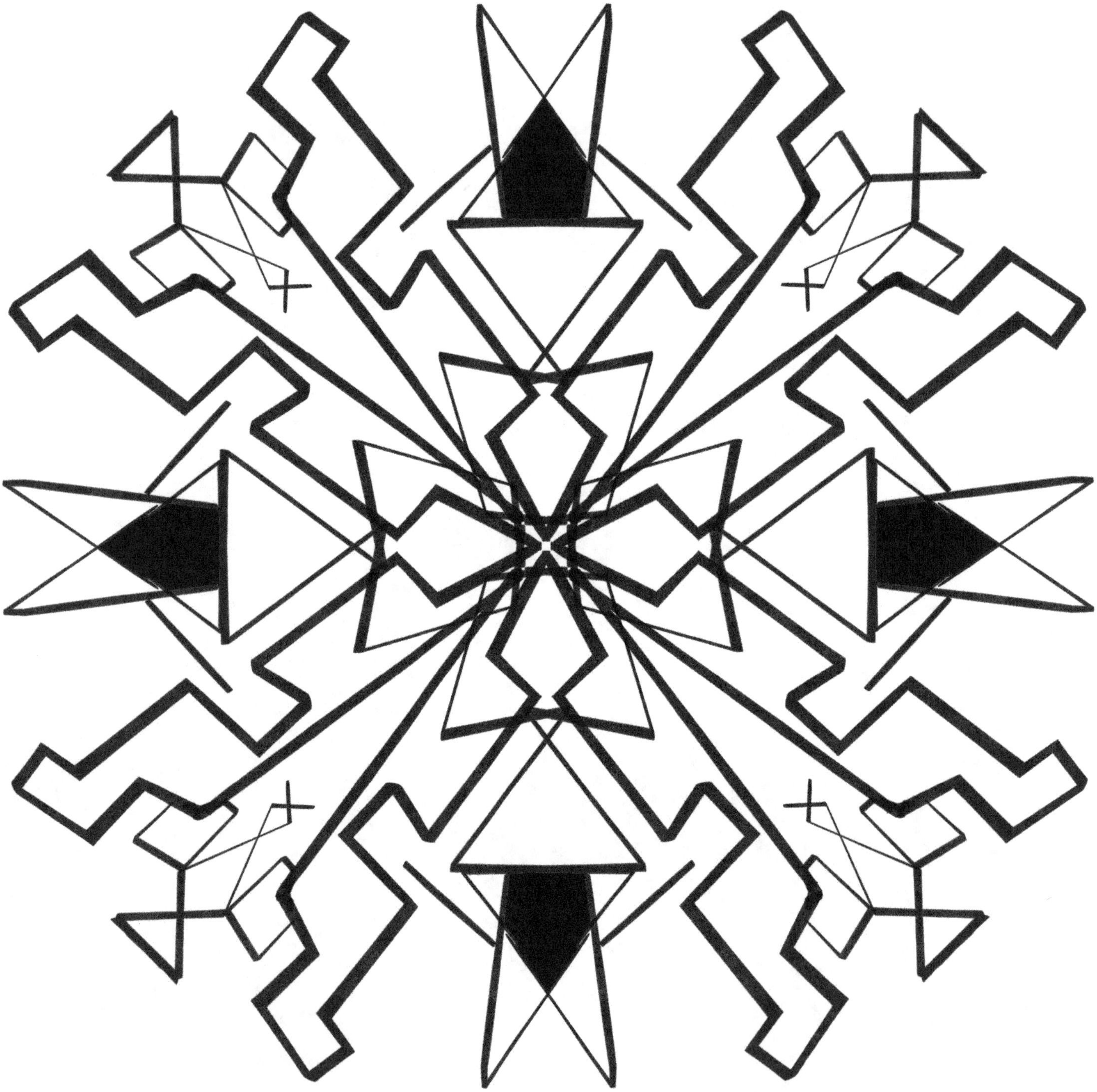

www.ingramcontent.com/pod-product-compliance
Lightning Source LLC
Chambersburg PA
CBHW081023170526
45158CB00010B/3139
* 9 7 8 1 0 9 7 4 7 3 3 3 5 *